Hakikatin Dili

Alevi-Bektaşi Deyiş ve Nefeslerinin
Günümüz Dilinde Açıklamaları

Yüksel MERİÇ

*Deyiş ve nefeslerin her satırında,
insanı kendi özüyle buluşturan,
kalbi Hakk'a yönelten bir sır gizlidir.*

Hakikatin Dili

Yüksel MERİÇ

ISBN: 978-1-970277-40-1

Yayınevi: **Omega IP Holding, Inc.**

Yayın İmprint'i: **Morzaik Publishing**

Yayın Yeri: Philadelphia, PA, Amerika Birleşik Devletleri

Web sitesi: https://www.morzaik.us

Bu kitap **Omega IP Holding, Inc.** tarafından yayımlanmıştır.

(Morzaik Publishing, Omega IP Holding, Inc.'in bir yayın markasıdır.)

Baskı Yeri: Türkiye

Kapak tasarımı ve mizanpaj: **Morzaik Publishing**

Birinci Baskı: 2026

İÇİNDEKİLER

Deyiş: Alevî-Bektaşi ozanlarının halk diliyle duygularını, inançlarını, nasihatlerini veya toplumsal eleştirilerini dile getirdikleri eserlerdir.

Nefes: Doğrudan inanç, hakikat, vahdet-i vücûd, Hak-Muhammed-Ali sevgisi ve yol erkânı üzerine yazılan eserlerdir. İnsanın iç dünyasına, bilincine hitap eder.

Beyit: Klasik Türk edebiyatı ve divan şiirinde iki mısradan (iki satırdan) oluşan şiir biçimine verilen isimdir. Verilmek istenen mesaj çoğu zaman iki mısrada birlikte tamamlanır.

Önsöz

Alevi-Bektaşi inanç geleneği, yüzyıllardan bu yana sözlü ve yazılı edebiyatıyla gönülleri besleyen, insanı hakikate çağıran büyük bir hazinedir. Alevi-Bektaşi nefesleri, yalnızca söz değildir; onlar, yüzyıllar boyunca dilden dile akan, gönülden gönüle süzülen **bir hakikat nefesi, bir aşk çağrısıdır.** Her satırında, insanı kendi özüyle baş başa bırakan, kalbi Hakk'a yönelten bir sır gizlidir.

Bu deyiş ve nefesler yalnızca tarihi birer metin olarak algılanmamalıdır. Yazıldığı günden beri insanın kalbine ve zihnine hitap eder. Deyiş ve nefeslerin asıl amacı hakikati anlatmak, insanı aşk ve sevgiyle olgunlaştırmaktır.

Ne var ki birçok kullanılan dil, çoğu zaman eski Türkçenin inceliklerine, Arapça ve Farsçanın derin manalı ve sembolleri anımsatan kelimelerle örülüdür. Bu deyişlerin ve nefeslerin yazıldığı çağın insanı için aşikâr olan pek çok anlam, bugünün okuyucusuna yabancı gelebilmektedir. Oysa bu deyiş ve nefesler, yalnızca geçmişteki insanlara değil, çağımızın ve geleceğin insanına da bir seslenıştır.

İşte bu yüzden, bu çalışmada, eserlerin özünü bozmadan; onların manevi derinliğini çağımızın diline, bugünün bilincine taşımak istedik. Çünkü hakikat ne kelimelerin ağırlığına, ne de zamanın pasına bağlıdır. Hakikat, her çağda diri olan, insana kendi özünü hatırlatan ışıktır.

Bu kitap, geçmişin irfanını bugünün okuyucusuna daha yakın kılma çabasıdır. Çabamız odur ki, her bir satırda saklı olan sırlar, gönüllere yeniden doğar; yolumuzu aydınlatan bir ışık, kulağımıza çalınan bir nefes olur.

Bu kitaptaki deyiş ve nefesler, inancımızın öğretisi ile yakından ilgisi olanlar içinden özenle seçildi. Dörtlüklerin bazılarını sadece ve doğrudan bugünün Türkçesine çevirdik, bazılarında ise daha geniş açıklamalar yapmayı uygun gördük.

Tasavvufa göre insan ruhu, ezeli bir nurdan yaratılmıştır, o nur Hakk ile birlikte var olmuştur. Bu nedenle aşağıda yazılan deyiş ve nefeslerin *bazılarında ben, biz, yarattık, var ettik, irşad ettik* gibi ifadeler, Hakk ile Hakk olmuş insan-ı kâmil'in dilinden çıkan tanrısal söylemlerdir. Dolayısıyla her satır bu bilinçle okunmalıdır.

Deyişler ve nefesler,
insanları aşk ve sevgiyle
olgunlaştırmak için en iyi ilaçtır.

Ey Vaiz Sen Bize Va'z Edemezsin

Söz: Edip Harabi

Edip Harabi hakkında:

Edip Harabi, 19. yüzyılın sonları ile 20. yüzyılın başlarında yaşamış, günümüzde nefes ve deyişleri okunan, önemli Alevi-Bektaşi ozanlarından biridir. Asıl adı Ahmet Edip'tir. 1853 yılında İstanbul'da doğmuş, 1917'de yine İstanbul'da Hakk'a yürümüştür. Genç yaşlarda Kâğıthane Bektaşi Tekkesi çevresinde yetişmiştir. Kendisine "Harabi" mahlasını vererek yüzlerce nefes, deyiş, ilahi ve taşlama söylemiştir.

Deyiş ve nefeslerinde genellikle Hakk aşkı, Ehl-i Beyt sevgisi, insan-ı kâmil anlayışı ve vahdet-i vücut (varlığın birliği) felsefesi konularını işlediği görülmektedir. Hem tasavvufî derinliği hem de edebî yönünün güçlü olması sebebiyle, Alevi-Bektaşi edebiyatının en güçlü isimlerinden kabul edilir.

Bu kitaba ilk sırada aldığımız, **Ey Vaiz Sen Bize Va'z Edemezsin** adlı aşağıdaki dizeler tasavvufi bir nefes olup, **"biz"** zamiriyle hakikate ermiş olan insan-ı kâmillerin ya da doğrudan Hakikatin kendi diliyle konuşmasının ifadesi gibi anlaşılmalıdır.

Alevi-Bektaşi nefeslerinin tipik üslubu ile yazılmış bir nefestir. Edip Harabi "biz" derken, bazen Ehl-i Beyt'i, bazen insan-ı kâmili, bazen de doğrudan hakikatin kendisini kastetmektedir.

Bu nefesin verdiği mesaj şudur: Hakikati dıştan öğütle değil, içten gelen istekle yaşamak gerekir. Tüm peygamberlerin hakikati anlatma çabası aynı hakikatin tezahürüdür. Bu hakikat, ancak insan-ı kâmilde açığa çıkar.

Açıklaması:

1. Dörtlük

Ey vaiz sen bize va'z edemezsin
Çünkü her bir ilmin deryasıyız biz
Bizim yurdumuza hiç gidemezsin
Hakikat Kaf'inin Anka'sıyız biz

- **Ey vaiz sen bize va'z edemezsin:** Vaiz, vaaz veren, halka inanç konularında öğüt, nasihat ve bilgi sunan kişilere verilen ünvandır. Edip Harabi bu dörtlükte, vaiz'in bilgilerinin çok üzerinde bâtıni bilgiye sahip olduklarını belirterek, vaizin zahirî yorumla yetinen, sadece sözle öğüt veren kişi olarak tanımlamaktadır. Bu dörtlüğe bütünlüklü olarak bakıldığında, Harabi erenlerin dilinden konuşarak, vaizden ilim öğrenemeyeceklerini söylemektedir. Ozanımızın hitabı doğrudan bir kişiye değil, bilgisizce nasihat eden, derin ve gerçek bilgilere erişememiş, olgunlaşamamış, ilimden nasip almadan nasihat veren tipolojiyedir.

- **Çünkü her bir ilmin deryasıyız biz:** Edip Harabi burada, "biz" zamirini kullanmaktadır. Biz'den kasıt, hakikate ermişleri, insan-ı kâmil olabilen insanları, yani hakikat yolcularını ifade eder. Harabi onların dilinden konuşarak, ilmin kaynağı, mananın özü olduklarını söyler.
  Bizim yurdumuza hiç gidemezsin: Bizim yurdumuz, fiziki bir yurt, vatan değil, Hakk'ın sırlarına ermiş, Hakk ve hakikat ehli insanların toplandığı manevi bir yurttur.

- **Hakikat Kaf'inin Anka'sıyız:** Kaf Dağı'nın Anka'sı, ulaşılamaz bir makam ve hakikatin sembolik ifadesidir.

2. Dörtlük

Haberdar olaydın sırrı süphandan
Feragat ederdin küfr-ü imandan
Bir şey anlamadın sen magzi Kur'an'dan
Kur'an'ın esrar-ü manasıyız biz

- **Haberdar olaydın sırrı Süphandan:** Süphan, Tanrının sıfatlarından biridir. Genellikle Tanrı'yı noksan sıfatlardan uzak tutmak, yani Tanrı'yı eksik, hatalı bulmamak anlamında kullanılır. Bu dörtlükte, zahir ehlinin yani görünüşe bakanların, derin manayı göremeyenlerin Kur'an'ın derin sırlarını kavrayamadığı vurgulanır.

- **Feragat ederdin Küfr-ü imandan:** Tanrının sırrından haberin olsaydı, zıtlıkların ötesine geçerdin. Yani, "Ne küfürde kalırdın, ne imanda, her ikisinden de vazgeçerdin." Bu ifade mistik bir söylemdir. Harabi burada, Hakk aşkının insanı akıl ve inanç kalıplarının ötesine geçirdiğini anlatmak istiyor.

- **Bir şey anlamadın sen magzi Kur'an'dan:** Magzi, bir şeyin özü, içi manasına gelir. Harabi, vaize sen Kur'an'ın özünden bir şey anlamadın demektedir.

- **Kur'an'ın esrar-ü manasıyız:** Kur'an'ın özü, gizli sırları, içsel hakikati bizleriz.

3. Dörtlük

Biz tertip eyledik Kabe-kavseyn'i
Kurbu ev ednada kurduk ayini
Fehm eyleyemezsin sen o mabeyni
Mirac'ın Leyletel esrarıyız biz

- **Kabe-kavseyn:** Miraç olayında Peygamber'in Tanrı'ya manevi olarak en yakın olduğu makamdır. Bir yayın iki ucu kadar yakınlık olarak açıklanmaktadır. Bu fiziki değil manevi yakınlıktır. Biz tertip eyledik derken, Harabi Hakk ile Hakk olmuş bir insan-ı kâmil bilinciyle Tanrı'nın dilinden konuşmaktadır. Aşağıdaki mısralar da aynı anlayışla yazılmıştır.

- **Kurbu ev edna:** "Daha da yakınlık" anlamına gelir, Hakk ile Hakk olma bilincinin en üst noktasıdır. Kurb, akraba manasında olsa da burada manevi yakınlık anlamındadır.

- **Fehm eyleyemezsin sen o mabeyni:** Sen bu yakınlığı, bu ilişkiyi idrak edemezsin diye, yine vaize seslenmektedir.

- **"Miraç'ın Leyletel esrarıyız biz"** Miraç gecesinin, o gecenin bütün zahiri ve bâtıni sırlarının bizzat bilenlerdeniz.

4. Dörtlük

Tur'da biz Musa'yı irşad eyledik
İsa'yı çarmıhtan azad eyledik
Çıkardık göklere imdat eyledik
Bunların sebebi ihyasıyız biz

- Burada, diğer dörtlüklerdeki anlayış devam ediyor. Geçmiş peygamberlere yardım eden, yol gösteren kudretin, aslında aynı özden geldiği ve bu özün hem Tanrı, hem de Tanrının en net biçimde açığa çıktığı insan-ı kâmil birlikteliği işleniyor.

- **Tur'da biz Musa'yı irşad eyledik:** Musa'ya Tur Dağı'nda tecelli eden nur da, İsa'yı kurtaran sır da, göklere yükselten güç de özde aynı hakikattir.

- **Bunların sebebi ihyasıyız biz:** Harabi burada, bütün peygamberlerin diriltici özünün kaynağıyız demektedir.

5. Dörtlük

Kaf-ü Nun'dan daha nişan yok iken
Bu görüp bildiğin cihan yok iken
Hakka sığınacak mekân yok iken
Bizde gizlenmişti âmâsıyız biz

- **Kaf-ü nun'dan daha nişan yok iken:** Kâinatın yaratıldığına dair henüz bir işaret yok iken, evren henüz var edilmemişken. **"Kaf" ve "Nun"** "Kün" (Ol!) emrinin harfleridir, yani ilk yaratılışın başlangıcı.

- **Bu görüp bildiğin cihan yok iken:** Yaratılış henüz başlamamışken.

- **Hakka sığınacak mekân yok iken:** Tanrı'nın henüz kendini açığa çıkardığı, sıfatlarının görünür olduğu bir mekân yok iken. Burada bir ince noktaya dikkatinizi çekmek isteriz. Gerek Alevi-Bektaşi inanç felsefesinde, gerekse diğer bazı tasavvufi akımlarda, Tanrı; bir çiçeğin, renginde, bir ağacın meyvesinde, bir insanın kalbinde görünür. Yani yansıması buralardadır. Henüz bu yaratım meydana gelmediğinden, ozanımız Harabi Hakk'a sığınacak mekân yok iken ifadesini kullanmış ve aşağıdaki satırda da yine "biz" zamirini kullanarak yukarıda da ifade ettiğimiz gibi insan-ı kâmilde gizlenmişti.

- **Bizde gizlenmişti amâsıyız biz:** "Amâ" Tanrı'nın varlığının, henüz âlemlerin yaratılmadığı, "bilinmezlik" makamıdır. O, bilinmezlik sırlarını taşıyan hakikat, henüz hiçbir şey yokken, Hakk kendi nurunu bizim varlığımızda gizlemişti.

6. Dörtlük

İbrahim'e narı gülzar eyledik
Tecri min tahtihel'enhar eyledik
Yok iken Harabi biz var eyledik
Bu kevn ü mekânın hûdasıyız biz

İbrahim'e narı gülzar eyledik: Hz. İbrahim, Nemrut tarafından ateşe atılmak istenmişti. Harabi bu dörtlükte yine biz sıfatını kullanırken, Hakk'ın dilinden 'İbrahim'in ateşini gül bahçesine çeviren kudret biziz' demektedir.

- **Tecri min tahtihel'enhar:** Cennetin altından ırmaklar akar, o cennet halini biz kurduk.

- **Yok iken Harabi biz var eyledik:** Evren yokken sadece hakikat vardı, kendimizi var eden de biziz.

- **Bu kevn ü mekânın hüdasıyız biz:** Kâinatın iç yüzü, düzeni, hakiki rehberi biziz.

Deyiş ve nefeslerin asıl amacı;
hakikati anlatmak,
insanı aşk ve sevgiyle olgunlaştırmaktır.

Daha Allah İle Cihan Yok İken (Vahdetname)

Edip Harabi

Tasavvufa göre insan ruhu, ezelî bir nurdan yaratılmıştır, o nur Hakk ile birlikte var olmuştur. Bu nedenle ben ya da biz ifadeleri bu bilinçle okunmalıdır.

Bu nefes yaratılış, peygamberler, vahdet ve Tanrı ile bir olmanın sırlarını anlatan bir mistik anlatıdır. Her bölüm yaratılışın bir aşamasını, peygamberlerin görevlerini ve tüm peygamberlerin birlik olduğu hakikatini ifade eder. Harabi, önceki nefeste olduğu gibi yine Tanrı'nın dilinden, Tanrı'nın özünün insanda gizli olması anlayışı ile yazmaktadır.

Açıklaması:

1. Dörtlük

Daha Allah ile cihan yok iken
Biz anı var edip ilan eyledik
Hakk'a hiçbir layık mekân yok iken
Hanemize aldık mihman eyledik

Burada Harabi, yaratılışın öncesinden söz ediyor. Tasavvufta buna *ervah-ı ezel*, yani ezeli ruhlar âlemi denir. Bazı metinlerde künh-i vücûd olarak da ifade edilmiştir. Harabi, bu dörtlükte insan ruhunun ezeli hakikatte zaten var olduğuna işaret ediyor.

- **Daha Allah ile cihan yok iken:** Henüz hiçbir şey yaratılmadığı için Tanrı'nın varlığına dair bir işaret de yoktu.

Çünkü Tanrının varlığı, kendi hakikatinden yarattıklarıyla açığa çıkmaktadır.

- **Biz onu var edip ilan eyledik:** Hakk'ın gizli hazine iken "bilinmek istediği" ilkesine dayanır. Yani insanın aslı, Tanrı'nın bilinmek istemesinin bir tecellisi olarak zaten ezelde var kılınmıştır. "Biz" ifadesi, "insan-ı kâmil"de birleşmiş olan tüm varlıkların asıl özünü simgelemektedir.

- **Hakk'a layık mekân yok iken:** Tanrı'nın mekândan ve zamandan münezzeh oluşunu dile getirmektir. O'nun için bir yer, zaman ve bir yön düşünülemez.

- Buna rağmen Hakk, insan gönlünde tecelli eder. Bu yüzden mutasavvıflar "Rahman'ın arşı, yani temiz insanın kalbidir" derler.

- **Hanemize aldık mihman eyledik:** Bu ifade, insanın kalbini Tanrı'ya misafirhane kılmasıdır. Hakk aslında hem ev sahibidir, hem de misafirdir. Fakat insan, kendi gönlünü O'na açarak, O'nu ağırlama bilincine erer.

2. Dörtlük

Kendisinin ismi henüz yok idi
İsmi şöyle dursun cismi yok idi
Hiçbir kıyafeti resmi yok idi
Şekil verip tıpkı insan eyledik

- **Kendisinin ismi henüz yok idi:** Burada "isim" ve "cisim"den maksat, Tanrı'nın henüz açığa çıkmamış ve hiçbir diğer canlının henüz meydana gelmemiş hâlidir.

- **İsmi söyle dursun cismi yok idi:** İsimler, sıfatların tezahürüyle birlikte ortaya çıkar. Daha hiçbir şey "adıyla" belli değilken, hiçbir suret ve madde yokken, yalnızca saf Hakikat vardı. Yani tasavvuf diliyle söyleyecek olursak: "Lâ mevcude illâ Hü" (O'ndan başka varlık yoktur).

- **Hiçbir kıyafeti resmi yok idi:** Bu mısrada henüz Tanrı'nın yansımaları, suretleri, şekilleri yoktu denmektedir.

- **Şekil verip tıpkı insan eyledik:** Tanrı, kendi isim ve sıfatlarını yansıtmak için varlığa, özellikle de insana şekil verdi. Tasavvufta insan, eşref-i mahlûkattır, yani yaratılışın özü ve en iyi şekilde yaratılmış olanıdır. Çünkü insanda Tanrı'nın bütün isim ve sıfatlarının bir özeti bulunmaktadır. Bu yüzden insan-ı kâmil, âlemin özeti ve Tanrı'nın yeryüzündeki en önemli aynasıdır.

3. Dörtlük

Allah ile işte burda birleştik
Nokta-yı âmaya girdik birleştik
Sırr-ı Küntü kenzi orda söyleştik
İsmi şerifini Rahman eyledik

- **Allah ile işte burda birleştik:** "Burda" denilen yer, tasavvufta "âmâ âlemi"dir. âmâ; gözün görmediği, insanın idrakinin erişemediği, aklının alamadığı varlık ve yokluk tasavvurlarının ötesindeki bilinmezlik ve saf hakikat mertebesidir.

- **Nokta-i âmâya girdik birleştik:** O, Âmâ'daydı." ifadesi bu anlayışın kaynağıdır. Harabi "Allah ile birleştik" derken, ruhların ezeli hakikatte O'nunla zaten bir olduğunu, ayrı bir varlık taşımadığını anlatır.

- **Sırr-ı Küntü kenzi orda söyleştik:** Sırrı Küntü kenz ifadesi, meşhur kudsi söze dayanır: **"Küntü kenzan mahfiyyen fe-ahbabtü en u'raf..."** (Ben gizli bir hazine idim, bilinmeyi istedim, mahlûkatı yarattım ki bilineyim). "Sırr-ı Küntü kenz" denilen şey, yaratılışın sebebidir: Yani, Tanrı'nın bilinmek istemesi. Harabi burada diyor ki: Biz bu sırla orada buluştuk, Tanrı'nın bilinme muradına muhatap olduk.

- **İsmi şerifini Rahman eyledik:** Tanrı'nın "Rahman" ismi, varlık âlemini kuşatan merhametin ve yaratma kudretinin ismi olmasından kaynaklanıyor. "Rahman" ismiyle âlemler varlık sahnesine çıkar. Yaratılışın rahmetle başladığını ifade eder. Harabi, "Biz O'nun ismini Rahman kıldık" derken, insanın yaratılışta bu rahmeti taşıyan bir aynaya dönüştüğünü vurgular.

4. Dörtlük

Aşikâr olunca zat ü sıfatı
Kün dedik var ettik bu semavatı
Birlikte yarattık hep kâinatı
Nam ü nisanını cihan eyledik

- **Aşikâr olunca zat ü sıfatı:** Zât, Tanrı'nın özü; sıfat ise, O'nun açığa çıkmış kudret, ilim, irade gibi tecellileridir. Başlangıçta zat gizliydi, sıfatlar da görünmezdi. "Aşikâr olmak" demek, tecelliyle birlikte isim ve sıfatların âleme yansımasıdır. Yani Tanrı, kendi bilinmezliğinden bilinmeye doğru açıldı.

- **"Kün dedik var ettik bu semavatı:** Burada "kün" (Ol) emrine atıf yapılmıştır. Kur'an'da sık sık geçen 'Ol!' ifadesine işarettir. Harabi, Hakk ile insan-ı kâmil arasındaki birliği vurgulamak için "Kün dedik" ifadesini kullanıyor. Yani insan-ı kâmil ve Tanrı birliği sırasında bu söz söylenmiş oldu. Bu noktada insan, Tanrının bir zerresi olduğu için yaratılışta pasif bir varlık değil, mecâzi anlamda Tanrı ile birlikte tecellinin ortağı gibi görülüyor.

- **Birlikte yarattık hep kâinatı:** Bu, tasavvufun en önemli sırlarındandır: İnsan-ı kâmil, Tanrı'nın yaratma sırrına mazhar olmuştur. Çünkü insanın özü, hakikati ezelde de var olan ve Tanrı'nın özünde gizlidir. Dolayısıyla Harabi, insan-ı kâmil diliyle konuşarak "Biz de O'nunla birlikte bu âlemin yaratılışına mazhar olduk" der. Bu, bir ortaklık değil, insanın yaratılışta taşıdığı ilahî nefesin şairane ifadesidir.

- **Nam ü nişanını cihan eyledik:** "Nam u nişan", yani isim ve işaret. Âlem, Tanrı'nın isimlerinin ve sıfatlarının nişaneleriyle (işaretleriyle) doludur. Biz âleme bakarak O'nu tanırız. Varlık, O'nun isimlerinin birer aynasıdır. Harabi, "cihanı isim ve işaret yeri yaptık" derken, yaratılışın asıl maksadını dile getiriyor: Tanrı'yı var ettikleriyle bilmek ve tanımak.

5. Dörtlük

Yerleri gökleri yaptık yedi kat
Altı günde tamam oldu kâinat
Yarattık içinde bunca mahlûkat
Erzakını verdik ihsan eyledik

- **Yerleri gökleri yaptık yedi kat:** Bu ifade hem Kur'ani hem de tasavvufi bir semboldür. Burada, kâinatın düzenli bir sisteme göre yaratıldığı anlatılıyor; aynı zamanda her bir katın, Tanrı'nın sıfatlarının farklı bir tecellisi olduğunu da içermektedir.

- Tasavvufta yedi kat, bir sayı olmanın ötesinde, ruhsal bir düzeni de temsil eder. Zahiri açıdan ise yerin ve göğün yedi kat/katman olduğu bilinen bilimsel bir gerçekliktir.[1]

- **Altı günde tamam oldu kâinat:** Bu ifade, yaratılışın aşama aşama sürekliliğini ve düzenini anlatmaktadır. Gün burada zaman açısından değil, yaratılışın basamaklarını ve evrelerini simgeler. Yani kâinatın evre evre tecelli ettiği açıklanmıştır.

- **Yarattık içinde bunca mahlûkat:** Tanrı'nın tecellisinin neticesinde, görünür ve görünmez bütün varlıklar mey-

---

1   Talâk Suresi, 65/12 Allah, yedi göğü ve yeryüzünden de onların benzerini (katman katman) yaratandır.

dana geldi. Her mahlûk, Hakk'ın isim ve sıfatlarının bir yansımasıdır.

- **Erzakını verdik ihsan eyledik**: Tanrı, yaratılan her varlığa yaşamını devam ettirebilmesi için kaynaklarını ve rızkını verdi. Tasavvufi bakış açısıyla, bu ihsan (verilen nimet) hem maddi hem manevi bir hazinedir. İnsan, mahlûkatın içinde Hakk'ın lütfunu fark eden ve şükreden varlık olarak öne çıkar.

6. Dörtlük

Asılsız fasılsız yaptık cenneti
Huri gılmanlara verdik ziyneti
Türlü vaadlerle her bir milleti
Sevindirip şad ü handan eyledik

- **Asılsız fasılsız yaptık cenneti**: Bu ifade, cennet, cehennem âlemlerin maddi kökeni olmadığını, Tanrı'nın kudretiyle var olduğunu vurgular. Tasavvufta, cennet, maddi dünyanın ötesinde bir gerçekliktir; "hakiki cennet", insanın ruhunda tecelli eden Tanrı sevgisiyle başlar.

- **Huri gılmanlara verdik ziyneti**: Huri ve Gılman sembolik olarak, insanın gönlünde ve ruhunda beliren güzellikleri, arınmış ve saf halleri temsil eder, cinsiyet ile ilgili değildir. Ziynet yani süs ve güzellik, Tanrı'nın lütfunun yansımalarıdır; tasavvufta bu mecazi olarak ruhsal haz ve ilahi aşk olarak yorumlanır.

- **Türlü vaadlerle her bir milleti, sevindirip şad ü handan eyledik**: Tanrı'nın rahmeti ve ihsanı ile insanları mutlu kıldık. Buradaki vaadler, sadece maddî vaat değil; ruha ve kalbe verilen ilahi nimetleri de kapsar. Tasavvufta, cennet Tanrı'nın nimetlerinin görünür ve görünmez tezahürüdür; herkesin bu tecelliye göre sevindirilmesi, O'nun adalet ve rahmetini gösterir.

7. Dörtlük

Bir cehennem kazdık gayetle derin
Laf ateşi ile eyledik tezyin
Kıldan gayet ince kılıçtan keskin
Üstüne bir köprü mizan eyledik

- **Bir cehennem kazdık gayetle derin:** Buradaki cehennem, hem maddi hem de tasavvufi bir anlam taşır. Tasavvufta cehennem, fiziksel acı yeri değil, hakikati bilmeyen ruhların ve nefislerin sıkıştığı hâl olarak yorumlanır. "Gayetle derin" ifadesi, hataların ve nefsi esaretin sonuçlarının derinliğini sembolize eder.

- **Laf ateşi ile eyledik tezyin:** "Laf ateşi" boş söz, kibirli ve gerçek dışı konuşmaların yol açtığı manevi zararı anlatır. Bu ateş, insanın kendi nefsi ve yanlış davranışlarının bir sonucu olarak meydana gelir; yani cehennem bir "öğretici tecelli"dir.

- **Kıldan gayet ince kılıçtan keskin:** İlahi adalet, ince hesap ve hassas ölçülerle uygulanır. Tasavvufta bu, Hakk'ın adaletinin mükemmel ve hatasız olduğunu ifade eder; hiçbir yaratılan unutulmaz, her iyi ve kötü iş karşılık bulur.

- **Üstüne bir köprü mizan eyledik:** Mizan terimi, adalet terazisi anlamına gelir. Köprü, çoğu tasavvufî yorumda sırat köprüsüne işaret eder, yani insanların yaptığı işlerin ve niyetlerinin ölçüldüğü geçit anlamındadır.

8. Dörtlük

Gerçi Kün emriyle var oldu cihan
Arş-ı Kürsü gezdik durduk bir zaman
Boş kalmasın diye bu kevnü mekân
Âdemin halkını ferman eyledik

- **Gerçi Kün emriyle var oldu cihan:** "Kün" (Ol) emriyle âlem yokluktan varlığa geçti. Bu ifade, yaratılışın başlangıç anına işaret ediyor. Edip Harabi burada yine Kur'an'daki "Kun fe-yekûn" (Ol der, o da olur) hakikatini dile getiriyor.

- **Arş-ı Kürs'ü gezdik durduk bir zaman:** Arş ve Kürs, Tanrı'nın kudret ve hükümranlığının sembolik ifadesidir. Tasavvufta bu ifadeler, kâinatın üst boyutlarını ve idare düzenini simgeler. Gezdik durduk sözü, ruhların yaratılıştan sonra diğer âlemlerde bir süre seyran ettiğini, yani tecrübe kazandığını ifade eder.

- **Boş kalmasın diye bu kevn-ü mekân:** Kevn-ü mekân yani varlık âlemi ve mekân düzenidir. Harabi'ye göre kâinat, sırf boş bir sahne olsun diye yaratılmadı. Onu anlamlandıracak, özüne ruh üflenecek bir varlık lazımdı.

- **Ademin halkını ferman eyledik:** İşte burada onu anlamlandıracak noktaya işaret ediliyor: İnsanın yaratılışının sebebi, kâinatın boş kalmaması, yani Hakikat'in en yüce meyvesinin açığa çıkmasıdır. İnsan, kâinatın öznesidir; yaratılışın anlamı onunla tamamlanır. Tasavvufta buna "insan-ı kâmil" anlayışı denir: Bütün âlem insanda özünü bulur.

9. Dörtlük

İrfan olan bilir sırrı müphemi
İzhar etmek için ism-i azamı
Çamurdan yoğurduk yaptık ademi
Ruhumuzdan bir ruh revan eyledik

- **İrfan olan bilir sırrı müphemi:** Müphem, sırdan kasıt herkesin kavrayamayacağı gizli hakikattir. Tasavvufta bu, Tanrı'nın "gizli hazine" oluşuna ve insanın yaratılışındaki ilahi sırrın derinliğine işaret eder. İrfan olan, yani marifet sahibi, bu sırrı görebilir; bu sır akılla değil, gönül ile idrak edilir.

- **İzhar etmek için ism-i azamı:** İsm-i Azam Tanrı'nın en yüce ismi demektir, yani tüm isim ve sıfatların kaynağıdır. İnsanın yaratılışı, bu ismin yeryüzündeki tecellisi içindir. Çünkü insan -ı kâmilde Tanrı'nın bütün isim ve sıfatları cem halindedir. Dolayısıyla Adem, Tanrı'nın açığa çıkmış en güçlü halidir.

- **Çamurdan yoğurduk yaptık Ademi:** Kur'an'da "Biz insanı kuru çamurdan yarattık"[2] diye açıklanmıştır. Buradaki çamur ifadesi zahiri olarak toprak, su, ateş ve hava unsurlarının birleşimidir. Bâtıni manada ise, İnsanın hakikate giden yolculuğundaki başlangıç mertebesidir. Harabi, "biz" diyerek yine insan-ı kâmil diliyle konuşuyor; Tanrı ile birlik hâlini vurguluyor. Tasavvufta çamur, insanın fânî ve dünyevî yönünü sembolize eder.

- **Ruhumuzdan bir ruh revan eyledik:** Bu, Kur'an'daki "Ona ruhumdan üfledim"[3] ayetine açık bir göndermedir. İnsan, çamurdan yapılmış olsa da, ilahi ruh, yani Tanrı'nın nefesi ile değer kazanır. "Revan" (akan, yürüyen) ifadesi, bu ruhun insanda sürekli bir hayat ve nur akışı olduğunu gösterir.

10. Dörtlük

Adem ile Havva birlik idiler
Ne güzel bir mekân bulduk dediler
Cennetin içinde buğday yediler
Sürdük bir tarafa puyan eyledik

- **Adem ile Havva birlik idiler:** Bâtıni anlamda Adem ve Havva sadece iki insan değil; insandaki ruhun ve bedenin, zahir ile bâtının birlikteliğini temsil eder.

---

2   Kur'an, Hicr, 26

3   Kuran, Sad, 72

- **Ne güzel bir mekân bulduk dediler:** Bu, insanın cennetteki saf hâlini, ilahi huzur içindeki varlığını anlatır. Cennet, bir mekân değil, insanın iç huzuru anlamındadır.

- **Cennetin içinde buğday yediler:** Buğday, sembolik bir ifadedir; mutasavvıflar bunu dünya bilgisinin, maddî ihtiyaçların, dünyevi iştahın simgesi olarak yorumlar. Aslında "yasak meyve", insanın benlik ve nefsine yönelişidir. Bu yüzden cennet makamından uzaklaşma meydana gelir.

- **Sürdük bir tarafa puyan eyledik:** "Puyan" kelimesi sürgün, uzaklaştırma demektir. İnsan, asli vatanı olan saf cennet hâlinden dünyaya sürülür. Tasavvufta bu, bir ceza değil; insanın kemale erme süreci için gerekli bir yolculuk olarak yorumlanır. Yani dünyaya geliş, insanın kendi özünü tanıması ve yeniden aslına dönmesi için zorunlu bir merhaledir.

11–20. Dörtlükler

- Bu kıtalara uzun uzun deyinmeyip, topluca bir açıklama yeterli olur kanısındayım: Peygamberler ve kutsal şahsiyetlerin kıssaları anlatılır: Nuh ve Nuh Tufanı'ndan başlayarak Salih ve deve, Ashab-ı Kehf, Musa, Yusuf, Davut, İbrahim, İsmail, Yunus, Meryem ve İsa, Zekeriyya ve Yahya Peygambere kadar anlatı yapılmıştır. Burada verilmek istenen mesaj, Tanrı'nın kudreti ile, her biri özel bir görevle dünyada bulunmuşlardır.

21–23. Dörtlükler

Hak Muhammed Ali ile birleşti
Hep beraber kabe kavseyne gittik
Bu sözleri sanma her insan anlar
Kuş dilidir bunu Süleyman anlar
Hak ile hak idik biz ezeliden
Ta ruz-ı Elestte Kalubelide

Hakk, Muhammed ve Ali ile birlik içindedir. Alevi toplumunun Hak-Muhammed-Ali ifadesi buraya dayanır. Bu birliğe girenler, hakikati anlayabilir. Kuş dilidir derken, bu sır, ancak arif olanların anlayabileceği derin bir dille anlatılan bilgidir denmektedir. İnsanların, bunu çoğu zaman bunu göremediği ifade edilerek 'biz varlıktan beri Hakk ile biriz, ezelden beri Hakk'ı biliriz' diye açıklanmaktadır.

24. Dörtlük

Vahdet âlemini bilmeyen insan
İnsan suretinde kaldı bir hayvan
Bizden ayrı değil Hazreti Süphan
Bunu Kur'an ile ayan eyledik'

- **Vahdet âlemini bilmeyen insan:** Vahdet, yani birlik âlemini bilmeyen kişi sadece insan formunda kalmış bir hayvan gibi olur. (Bu söz hayvana hakaret olarak algılanmamalıdır, her canlının yaratılış itibarıyla, kendine gör bir anlama, algılama sınırı vardır.)

- **Bizden ayrı değil Hazreti Süphan:** Süphan'dan kasıt Tanrı'dır. Tanrı insandan ayrı değildir. Bunu Kur'an'da beyan ettik.[4]

---

4   Kur'an, Kâf, 16: ... Çünkü biz insana şah damarından daha yakınız.

25. Dörtlük

Sözlerimiz bizim pek muhakkaktır
Doğan ölen yapan bozan hep Haktır
Her nereye baksan Hakkı mutlaktır
Ahval-i vahdeti beyan eyledik

- **Sözlerimiz bizim pek muhakkaktır:** Bizim sözlerimiz kesindir, gerçektir.

- **Doğan ölen yapan bozan hep Haktır:** Doğan, ölen, yaratan, bozan hep Tanrı'dır. Bu mısra Hakikat makamı bilgisidir; Hakikatte, Tanrı vardır, ondan başka hiçbir şey yoktur. Dolayısıyla doğan da ölen de (zahiren) Hakk'tır ama Hakk'ın zatı değil yarattıklarıdır.

- **Her nereye baksan Hakki mutlaktır:** Her nereye baksan Tanrı oradadır. Her nesnede Tanrı'nın bir işaret vardır gibi ifadeler çok sayıda tasavvuf ehlince kullanılmaktadır.

- **Ahval-i vahdeti beyan eyledik:** Evrendeki her hal bir birliğe işaret eder, bunu açıkça anlattık. Kâinatta ne varsa, hepsi birbiriyle birlik içindedir. Birbirinden ayrı değildir.

26. Dörtlük

Vahdet sarayına giren için
Hakkı heykel yakın görenler için
Bu sırrı HARABİ bilenler için
Birlik meydanında cevlan eyledik

- Birlik kapısından girenler, hakikati birebir idrak edenler ve bu derin sırrı bilenler için birlik meydanı hazırlanmıştır. Yani, bu bilgi ve hakikat meydanı, anlayabilenler için açılmıştır.

Aşk ile söylenen söz, taşa bile can üfler;
sevgisiz dil, gönülleri karartır.

Bende Sığar İki Cihan Ben Bu Cihana Sığmazam

Seyyid İmameddin Nesimi

Seyyid Nesimi Kimdir?

Tasavvufi deyiş ve nefesleri merkezinde yer alan isimlerden biri de Seyyid Nesimi'dir. 14. yüzyılın sonlarında yaşamış olan bu büyük mutasavvıf-ozan, hem edebiyat da hem de tasavvufi düşüncede derin izler bırakmıştır. En çok bilinen ve etkileyici beyitlerinden biri olan "Bende sığar iki cihan ben bu cihana sığmazam", onun insan ve Tanrı ilişkisini, varlık felsefesini, kendini bilmesini ve vahdet-i vücud anlayışını bir arada ortaya koyan özgün bir ifadedir.

Tasavvufi Arka Planı: Vahdet-i Vücud (Varlığın Birliği)

Şeyh Bedreddin'in zamanında yaşamış olan Nesimi, Hallâc-ı Mansur'un takipçisi olarak, Hurufilik akımının önemli temsilcilerindendir. Ancak düşünsel kökleri sadece Hurufilikle sınırlı değildir. En çok etkilendiği metafizik öğreti **Vahdet-i Vücud**'dur.

Dolayısıyla Nesimi "bende sığar iki cihan" derken, zahir ve bâtın, madde ve mana olmak üzere bütün varlıkları kendisinde cem eden **İnsan-ı Kâmil** kimliğine atıfta bulunur.

Bu beyit ile ilgili ön bilgi:

Cihana Sığmamak

Aruz vezniyle yazılmış, divan şiiri tarzında bir beyittir. "Cihan" burada yalnızca fiziksel evreni değil, aynı zamanda akıl ve duyu ile kavranabilen her türlü sınırlandırılmış alanı simgeler. Nesimi'nin "ben" dediği öz ise, kendi nefsi değil, Hakk ile buluşmuş, benliğini Hakk'ın karşısında yok etmiş benliktir. Yani burada sözü geçen "ben", sıradan insan değil, tıpkı Harabi'de dikkatlerimize sunulan hakikatin farkına varmış, varlığı Hakk'ta erimiş olan kâmil insandır.

Bu yönüyle, satırlarda geçen ben, **Enel-Hakk** diyen Hallâc'ın benliğine benzer bir benliktir. Bu yüzden Nesimi kendini hem "iki cihana sığacak" kadar geniş, hem de "cihana sığmayacak" kadar aşkın bir varlık olarak ifade eder.

Beyitin Açıklaması:

1. Beyit

Bende sığar iki cihan ben bu cihana sığmazam
Gözle görünmez ol gani, gerçeği gören göz ile

- İlk mısrada Nesimi, kendisinde hem maddi hem manevi iki âlemin yer aldığını, buna rağmen maddi evrenin (cihanın) onu kapsayamayacağını ifade ediyor. Buradaki "ben", nefsi ben değil; **İnsan-ı Kâmil**, yani Tanrı'nın tecelli ettiği hakiki insandır.

- İkinci mısrada ise Tanrı'nın gözle görülemeyeceğini, ancak hakikat bilgisine ulaşan kalp gözüyle (basiretle) idrak edilebileceğini belirtir.

2. Beyit

Cism ü cihan benimle hem, cân u zaman benimle hem
Hem bu zaman benüm zaman, hem dem hem ân benimle hem

- Bu beyitte zaman ve mekân kavramı aşılır. Nesimi, fiziki ve ruhsal yönüyle bütün varlıkla bir olduğunu söyler. "Dem" ve "an" zamanın farklı formlarıdır. Burada tasavvuftaki "Zamansızlık" ve "her an Hakk'ta olmak" vurgulanır.

3. Beyit

Gâh çıkaram göğe seyrân, gâh inerem yere revan
Gâh dolaşaram deniz, gölde ummân benimle hem

- Ozan burada ruhani yükselişleri ve inişleri, seyr-i sülûk (manevi yolculuk) hallerini anlatır. Tasavvufta manevî yolculuklarda bazen yükselme (miraç), bazen alçalma olur. Deniz ve umman benzetmeleri, derin bilgi ve marifet ile ilgilidir.

4. Beyit

Gâh olurum uhride ben, gâh olurum dinide ben
Gâh olurum dinin içi, dâim imân benimle hem

- Nesimi burada zaman ve mekânla sınırlı olmayan bir kimlikten söz eder. Yani hem manevi boyutta, hem dünyevi yaşamda bulunur. "Dinin içi" ifadesi, zahirin ötesindeki bâtıni hakikate işarettir.

5. Beyit

Gâh okurum İncil ü Zebûr, gâh okurum Tevrât ü Din
Gâh okurum Furkan'ı, her bir iyan benimle hem

- Bu beyitte tüm kutsal kitaplar zikredilerek Tanrı'nın insanlara hitaben söylediği sözlerin birliği vurgulanır. İncil, Zebur, Tevrat ve Furkan (Kur'an) birlikte anılır. Nesimi burada yalnız İslam'ın değil, tüm hakikat yollarının bilgisine sahip olduğunu ifade eder.

6. Beyit

Sırrımı verdim mâna'ya, ayân olur her manâya
Zerreyim, ben canâ canâ, hem cihân benimle hem

- Bu beyitte Nesimi, sırlarını "mâna"ya yani ilahi hakikate teslim ettiğini belirtir. Artık onun sırrı evrendeki her anlamda tezahür eder. "Zerreyim ama cihânım" ifadesi, birlik içinde çoğulluk, çeşitlilik ve çoğulluk içinde birlik düşüncesini yansıtır.

7. Beyit

Nesimi'ye sor kim ne kimdir, cân içinde cân kimdir
Mâşuk ile âşık birdür, bu nihân benimle hem

- Son beyitte, aşkın doruk noktası olan aşık ile maşukun birliği anlayışı işlenir. Bu, Hallâc-ı Mansur'un "Enel-Hakk" demesiyle aynı düzlemdedir. "Can içinde can", yani ruhların ruhu, ilahi cevherdir. Bu da bende gizlidir; bu nihân (sır) benim benliğimdedir.

Nefes, dilden değil gönülden doğar;
gönül Hakk ile doluysa, söz de nur olur.

Ondört Yıl Dolandım Pervanelikte

Sıtkı Baba

Sıtkı Baba Kimdir?

Asıl adı Mehmet'tir. Halk arasında "Sıtkı Baba" diye bilinir. 1865 yılında Erzincan'ın Tercan ilçesine bağlı **Aktuluk (Kuzuçan)** köyünde dünyaya geldi. 1928 yılında Hakk'a yürüdü. Mezarı kendi köyündedir. Alevi-Bektaşi ozanlarındandır. Hem dedelik, hem de ozanlık yönüyle tanınmıştır.

Hece ölçüsüyle söylediği nefeslerinde tasavvufî derinlik vardır. Hak-Muhammed-Ali sevgisi, On İki İmam, dört kapı kırk makam anlayışı ve dervişlik yolunda çekilen çileler onun deyiş ve nefeslerinde sıkça işlenir.

İşlediği konular İnsan-ı kâmil olma yolundaki sınavlar, dervişliğin zorlukları, Cem ve meydan adabı, muhabbet ve hakikat arayışıdır. Bugün cemlerde, muhabbetlerde onun nefesleri hâlâ okunur. "Ondört bin yıl gezdim pervanelikte", hem bir devriye örneğidir, hem de dervişlik yolundaki çileyi ve olgunlaşma sürecini anlatır. Ali Ekber Çiçek'in uzun süre üzerinde çalışarak derlediği bir nefestir.

Açıklaması:

1. Dörtlük:

"Ondört bin yıl gezdim pervanelikte,
Sıtkı ismin duydum divanelikte.
İçtim şarabını mestanelikte,
Kırkların Ceminde dara düş oldum."

- Kainatın bir devrinde[5] aşk ateşi ile yandım. Aşka düşünce sadakati kavradım. (Pervanelik: aşk uğruna yanıp tutuşma) İlahi aşkın şarabını içip mest oldum. Kırkların ceminde özümü dara çektim.

2. Dörtlük:

Güruh-u Naciye özümü kattım
Adem sıfatında çok geldim gittim
Bülbül oldum firdevs bağında öttüm
Bir zaman gül için zara düş oldum.

- **Güruh-u Naciye özümü kattım:** Kurtulmuş ve arınmış toplulukların içine kendimi kattım, onlardan ilham aldım.

- **Adem sıfatında çok geldim gittim:** Çok gelip gitmek, makam değiştirme, halden hâle geçme anlamındadır.

- **Bülbül oldum firdevs bağında öttüm:** Firdevs bahçesinde bülbül oldum; aşkın ve ilahi güzelliğin sesini söyledim. Firdevs bağı, dünyadaki nefsi huylardan arınmanın ödülü gibidir.

- **Bir zaman gül için zara düş oldum:** Bir dönem Hakk aşkı uğruna, zarar ve sıkıntı çektim.

---

5   Bazı inançlara göre kâinat 12-14 veya 16.000 yıllık fazlarla dönüşüm sağlar.

3. Dörtlük (Tekrar):

**"Kırkların Ceminde Haydar Haydar
Dara Düş Oldum."**

- Tasavvuf yolundaki kırkların ceminde "Haydar" (güç ve cesaret sembolü, Hz. Ali'nin lakabı) zikriyle, acı ve derin ruhsal haller içinde düştüm. Yani hem aşk hem de hakikat uğruna ruhsal sıkıntılar yaşadım.

Özetle:

Bu nefes, aşk yolunda olgunlaşmayı ve dert çekmeyi anlatıyor. Ozanımız, hem dünyada hem de ruhsal olarak bir yolculuk yapmış, aşkın ve ilahi güzelliğin etkisiyle hem mest olmuş hem de acıya düşmüştür. "Kırkların ceminde" ifadesi ise tasavvuf yolundaki olgunluk ve erenler topluluğunun içindeki deneyimi simgeler.

Söz, Hakk için söylenirse nefes olur;
benlik için söylenirse ses olur.

Elif'i Mim'den Aldık Sırrı Kur'an'ı

Virani

Virani Hakkında:

Virani, Alevi-Bektaşi edebiyatının önemli ozanlarındandır. Asıl adı Mehmed'tir. 16. yüzyılda yaşamış, Bektaşi tarikatına bağlı bir derviştir. Virani Baba olarak bilinir. Kaynaklarda onun Balım Sultan'a bağlı olduğu ve Bektaşiliğin "ikinci pir" kabul edilen Balım Sultan'ın düşüncelerini şiirlerinde işlediği belirtilir.

Virânî Baba'nın en bilinen eseri **"İlm-i Cavidân"** adlı kitaptır. Bu eser, Bektaşilikte "yol ve erkân" bilgilerini anlatan, inanç esaslarını şiir ve mensur parçalarla açıklayan bir kitaptır.

Şiirlerinde Allah, Muhammed, Ali üçlemesine (Hak-Muhammed-Ali) sıkça vurgu yapar. On İki İmam sevgisi, dört kapı kırk makam öğretisi, insanın hakikati arayışı onun nefes ve deyişlerinde ana temalardır. Harflerin ve sembollerin sırlarını anlatan, derin tasavvufî manalar taşıyan şiirler söylemiştir.

Virânî Baba, dili yalın ama içeriği derin şiirleriyle Alevi-Bektaşi edebiyatında Nesîmî, Hatâyi, Yemini gibi ozanlarla birlikte anılır. Bugün cemlerde, muhabbetlerde nefesleri okunur.

Açıklaması:

1. Dörtlük

Elifi mimden aldık sırrı Kur'an'ı
Mimi sır eyledik sırdan içeri
İki nokta üç huruf geldi bir yere
B'yi sır eyledik serden içeri

- **Elif:** Tanrı'nın birliğini temsil eder.
  Mim: Hz. Muhammed'in sırrıdır.

  "Elifi mimden aldık, sırrı Kur'an'ı". Kur'an'ın derin anlamı, Tanrı'nın birliğinden ve Muhammed'in hakikatinden ortaya çıkar.

  İki nokta üç huruf geldi bir yere: Burada Arapça (Be) harfi kastedilir. Be harfi üç unsurdan oluşur: çizgi (çubuk), altındaki nokta ve ses değeri. İki nokta ile huruf (harfler) birleşip sır olur.

  B'yi sır eyledik serden içeri: Be harfi, Kur'an'ın ilk harfidir (Bismillah). Bu harfteki nokta Ali'nin sırrıdır. Yani hakikate giden sır oradadır.

2. Dörtlük

Haydar'ın zatına demişiz beli
Göster bana pirim, dest-i demanı
Küfür deryasından bulduk imanı
Şah dedik küfüre, dilden içeri

- **Haydar'ın zatına demişiz beli:** Yani, Hz. Ali'nin hakikatine, ilmine, doruluğuna "evet" dedik. Haydar, Hz. Ali'nin lakabıdır.

- **Göster bana pirim, dest-i demanı:** Pirim, bana hakikatin elini (yolu, rehberliği) göster.

- **Küfür deryasından bulduk imanı:** Cahillik ve inkâr karanlığından çıkıp, Ali sevgisiyle imanı bulduk. Ali'ye bağlanmakla karanlıktan çıktık, gerçek imanı bulduk.

- **Şah dedik küfüre, dilden içeri:** Dilimizle inkârı kabul etmedik, reddettik, gönülden "Şah Ali" dedik.

3. Dörtlük

Virani sözünü arifan söyle
Yükseği neylersin engini boyla
Arif ol da dost bağını seyreyle
Güle aşık olduk gülden içeri

- **Virani sözünü arifan söyle:** Virani bu dörtlükte kendine nasihat etmekte, sözünü arifler makanından söyle demektedir.

- **Yükseği neylersin engini boyla:** Yüksekten uçmaya çalışacağına, gönül denizinin enginliğini keşfet.

- **Arif ol da dost bağını seyreyle:** Hakikat yolcusu ol, dostun (Hakk'ın) bahçesini seyret.

- **Güle âşık olduk gülden içeri:** Biz gülün (Hz. Muhammed'in ve Ali'nin sembolü) zahirine değil, onun içindeki hakikate, yani Tanrı'ya âşık olduk.

Her can bir sır taşır;
o sırrı açan anahtar, muhabbet dilidir.

Miraçlama

Feyzullah Çelebi

Feyzullah Çelebi Hakkında:

18. yüzyıl sonu – 19. yüzyıl başlarında yaşamış, Bektaşi Çelebiler kolundan bir postnişindir. Hacı Bektaş Veli dergâhının postuna geçmiştir bu yüzden "Çelebi" unvanıyla anılır. Mahlası Feyziya'dır. Bazı şiirleri günümüze ulaşmıştır.

Şiirlerinde Miraç, On İki İmam, Ehlibeyt sevgisi, tevhid ve insan-ı kâmil gibi temaları işlemiştir. Alevi-Bektaşi cemlerinde okunan ünlü "Miraçlama" nefeslerinden bazıları ona atfedilir.

Miraçlama, Peygamber'in zahiri göğe yükselişini değil, O'nun içsel yolculuğunu anlatır. Cebrail akıl ve rehber, Burak aşkın bineği, Arş ise insan şuurunun en yüce mertebesidir.

1. Dörtlük

Miraç okudu Cebrail
Muhammed Mustafa Mahi
Hak emrine oldu kail
Eyledi hem azm-i rahi

- "Cebrail", aklı ve insanın iç dünyasındaki rehberi simgeler. İnsan, içinden gelen ilahi çağrıyı duyar. Bu çağrıya uyan "Muhammed Mustafa" tasavvufta insanın gönlündeki hakikat bilincidir. Yani her insan, kendi içinde "emre boyun eğip miraç yoluna çıkan" bir Muhammed taşır.

2. Dörtlük

Gaipten yandı bir çırak
Çünkü yakın oldu ırak
Cebrail getirdi Burak
Bindi ol Habibullahi

- Gaipten yanan çırak gönülde yanan aşk ateşidir. Önce uzak görünen hakikat, aşkla artık yakın olur. Burak insanın içsel bineğidir, yani nefsi aşarak ruhunu yücelere çıkaran manevi güçtür. İnsan o bineğe bindiğinde, Hakk yolunda manen yükselir.

3. Dörtlük

Burak kadem bastı Arş'a
Erişti fevkel ferşe
Hakk kadirdir cümle işe
Eyledi bu geznigahı

- **Burak** ile yükselince artık Arş'a, yani en yüce idrak katına ulaştı. Yeryüzünün sınırları aşılıp sonsuzluk görüldü. Hakk kadirdir cümle işe, bu yükseliş Hakk'ın kudretiyle olmuştur. Bu dörtlükte, olan tüm şeylerin Hakk'ın bilgisi ve kudretiyle olduğu açıklanmaktadır.

4. Dörtlük

Bir nida erişti Hak'tan
Ya Muhammed'im Burak'tan
Göz kamaşır şeref-naktan
Müminlerin kıblegâhı

- Yolculuğun sonunda insan, içinden bir ses işitir: "Ey kulum, ey sevgilim!" Bu aslında Hakk ile insanın buluşmasıdır. Burada göz kamaştıran şey Tanrı'nın nurudur.

5. Dörtlük

Yolda iras geldi bir şir
Ya nedir bu işe tedbir
Hatemi'yi ağzına ver
Sundu iki cihan şahı

- Yolda önüne bir aslan çıktı. "Bu işin tedbiri nedir?" diye düşündü. Aslana (Hz. Ali'yi temsil eder) Peygamberlik mührünü (yüzüğü) verdi. İki cihanın padişahı (Hz. Muhammed) böylece yoluna devam etti.
  Yüzüğün Hz. Muhammed tarafından aslana yani Hz. Ali'ye verilmesi Hz. Muhammed'in peygamberlerin sonuncusu olması ile ilişkili olup peygamberliğin sona erip velâyetin başlamasını, Hz. Muhammed'den Hz. Ali'ye manevi gücün geçişini sembolize etmektedir. Bazı tasavvufi yorumlara göre; yüzük, dünya malı ve dünyadaki maddi makam anlamına da gelmektedir. Bu dörtlükte, Peygamber bu yolculukta Hakk'a ermek için her türlü dünyasal makamını bırakır anlamı verilebilir.

6. Dörtlük

Çıktı Sitr-el Müntehaya
Erişti ila-nihaya
Kavuştu sırr-ı Hüdâ'ya
Seyretti Cemalullahı

- "Sidretü'l-Müntehâ"ya (en yüce idrak makamına) ulaştı. Son noktaya vardı. Tanrı'nın sırrına kavuştu. Cemalini (ilahi güzelliği) seyretti. Sidretü'l-Müntehâ, insan idrakinin ulaşabileceği en son makamdır. Orada artık zaman, mekân, benlik kalmaz. İnsan, Hakk ile Hakk olur. "Cemalullahı seyretmek" aslında Tanrı'nın zatını görmek değil, gönül aynasında onun nurunu idrak etmektir.

7. Dörtlük

Orda gördü bir nev-civan
Yüzü şemsi mâhi taban
Cemaline oldu hayran
Nazar kıldı Ali Allah'ı

- Orada genç bir yiğit gördü. Yüzü güneş gibi, ay gibi parlıyordu. Cemaline hayran oldu. Onda Ali'yi gördü. Genç yiğit Hakikatin insan suretinde görünmesidir. Alevi-Bektaşi geleneğinde bu suret çoğunlukla Hz. Ali'dir. "Ali Allah" sözü, Ali'nin bizzat Allah olduğu anlamına değil, Hakk nurunun tecellisi olduğuna işarettir. Yani Ali, Hakk nurunun insandaki yansımasıdır.

8. Dörtlük

Sordu doksan bin kelâmı
Hak ile nik-i nâmı
Bir dem eyledi âramı
Bu ne sırdır ya İlahi

- Peygamber, Hak ile doksan bin sır ve söz konuştu. O an Hakk ile en güzel isimler zikredildi. Bir an huzur buldu. Ve dedi: "Ya Rabbi, bu ne büyük sırdır!" Miraç yolculuğu, yalnızca bir şuur yükselmesi değil, Hakk ile sohbet ve hakikatin öğrenilmesidir. "Doksan bin kelâm" sayısız ilahi sır demektir.

9. Dörtlük

Gaipten geldi yeşil el
Verdi sipare engur asel
O demde gördü bir mahvel
Selmanı şey'en lillahi

- Gayb âleminden yeşil bir el göründü. Ona üzüm ve bal sundu. O anda bir makam (mahfel) gördü. O makamda Selman-ı Farisi vardı.

- Yeşil el, ilahi ihsan ve rahmettir. Üzüm ve bal, marifet ve hikmetin tatlılığıdır. Selman ise ehlibeyte bağlılığın ve sadakatin sembolüdür.

10. Dörtlük

Ayak üstü kalktı Server
Oldu gönlü gözü enver
Sır ile oldu münevver
Dedi bu hikmet ilahi

- Peygamber ayağa kalktı. Gönlü ve gözü nurlandı. İlahi sırlarla aydınlandı. Ve dedi: "Bu hikmet Allah'tandır." Miraç'ta insanın gönlü ve gözü hakikat nuru ile dolar. Burada ilahi tecelli anlatılır.

11. Dörtlük

Oldu Miraç'ın mübarek
Hak kıldı Kur'an tebarek
Şanına Levla-ke levlak
Padişahlar padişahı

- Miraç mübarek kılındı. Hakk, Kur'an'ı bereket ve hidayet kaynağı kıldı. "Sen olmasaydın kâinatı yaratmazdım" (levlâke levlâk) buyuruldu. O, padişahlar padişahıdır.

12. Dörtlük

Vardı Kırklar'ın cemine
Oturdu Hak makamına
Hû dedi gerçek demine
Dem-be-dem Resulullahi

- Peygamber, Kırklar Meclisi'ne vardı. Hakk makamında oturdu. Onlarla birlikte "Hü" dedi. Her dem Resulullah (Peygamber) zikredildi. Miraç, aynı zamanda Kırklar Cemi'nin sembolik kökenidir. Peygamberin, hakikat ceminde Hakk ile bir olduğu anlatılmaktadır.

13. Dörtlük

Buyurdu ol nur-u vahid
Size armağan bu tevhid
Cümlesi de oldu sacid
Zikretti kelamullahi

- Tanrı'nın biricik nuru buyurdu: "Size armağanım tevhiddir." Hepsi secdeye vardı. Tanrı'nın kelamını zikretti. Miraç'tan en büyük armağan, tevhid (Birlik) inancıdır. Yani Tanrı'nın birliği gerçeğidir.

14. Dörtlük

Kırklar bir şerbet içtiler
Can ile baştan geçtiler
Cezbe-i aşka düştüler
Ettiler Kırklar semahı

- Kırklar bir şerbet içtiler. Canlarını, başlarını Hakk yoluna adadılar. Aşk cezbesine kapıldılar. Hep birlikte Semah döndüler. Burada Alevi-Bektaşi semahının kaynağı anlatılır. Semahın, Miraç anlatısında Kırklar Meclisi'nde Tanrı aşkıyla dönüldüğü Alevi-Bektaşi toplumu tarafından genel kabul görmüş bir inanıştır.

15. Dörtlük

**Gözleri Kurretü'l-ayn
Ali bin Hasan Hüseyin
İmam-ı Zeynel Abidin
Güruh-u Naci güvahi**

- Gözlerin nuru olan Ehlibeyt; Hz. Ali, Hasan ve Hüseyin, İmam Zeynel Abidin, Kurtuluşa eren topluluk buna şahittir. Burada Miraç'ın Ehlibeyt ile bağlantısı kuruluyor. Bu gerçeğin şahitlerinin On İki İmam, erenler, veliler ve sadıklar olduğunun altı çiziliyor.

16. Dörtlük

**İmam Bakır İmam Cafer
Kazım Musa Rıza Server
Şah Taki Ba Naki Asker
Muhammed Mehdi penahı**

- İmam Bakır, İmam Cafer, Musa Kazım, Ali Rıza, Muhammed Taki, Ali Naki, Hasan Asker ve sonunda Mehdi, kurtarıcı ve sığınaktır. Bir önceki ve bu dörtlükte On İki İmam'ın tamamı zikredilmiş oldu. Miraç'ın sırrı Ehlibeyt'in varlığıyla tamamlanır.

17. Dörtlük (Dua)

**Ata bahş eyledi lütfundan
Dûr eyleme rahmetinden
Mahrum koyma şefaatinden
Geda Fevzi pür günahı**

- **Ata bahş eyledi lütfundan:** Tanrı, lütfundan bağış verdi.

- **Dûr eyleme rahmetinden:** Rahmetinden uzak eyleme. Şefaatinden mahrum bırakma. Günahkâr kul Fevzi'ye de merhamet et.

- Feyzullah Çelebi kendi adını da yazarak duasını ediyor. Miraç anlatısı kişisel yakarışla son buluyor.

Tanrı, her canlının özündedir;
onu uzaklarda arayan, kendi içini karartır.

Ervahı Ezelde Evvelki Safta

Aşık Dertli

Aşık Dertli Hakkında:

Anadolu'da yaşayan bir Bektaşi/Alevi halk şairi ve Hakk âşığıdır. Kesin doğum ve ölüm tarihleri bilinmemektedir. Deyişler, nefesler ve halk şiirleri şeklinde eserler bırakmıştır. En bilinen eseri "Ervâh-ı Ezelde Evvelki Safta" adlı miraçlamadır. Nefeslerinde tasavvuf, Hakk aşkı, Hz. Peygamber ve Ehlibeyt sevgisi, tevhid, insan-ı kâmil, aşk ve nefis terbiyesi konularını işlemiştir.

Açıklaması:

1. Dörtlük

Ervah-ı ezelde evvelki safta
Elest hitabında ben belâ dedim
Koyma beni anasırda hilafta
Canım cemâline mübtelâ dedim

- **Ervah-ı ezelde evvelki safta:** Kâinat var olmadan önceki aşama. Ruhların yaratıldığı ve saf tutarak Tanrı'nın cemaline nail olduğu ilk âlem. İnsanın henüz beden kalıbına erişmeden önce Tanrı'ya verdiği ilk ikrar (söz) buradadır.

- **Elest hitabında belâ dedim:** Kur'an'da geçen ve Tanrı'nın yarattığı ruhlara,"Ben sizin Rabbiniz değil miyim"?[6] hitabıdır. Ruhların Belâ, yani Evet, Sen bizim Rabbimizsin demesini anlatmaktadır. Ruhların toplandığı o ilk yerde ben 'Belâ' diyerek Hakk'ı kabul ettim.

- **Koyma beni anasırda hilafta:** Beni dünyada şaşkınlığa düşürme. Beni senden ayırma, anasırda koyma, yani dört unsura (Toprak, hava, su ve ateş insan bedenini oluşturan unsurlardır.) beni gönderme, çünkü ben senin cemâline (ilahi güzelliğine) sevdalandım.

- **Canım cemâline mübtelâ dedim:** Ozanımız burada insanın, yaratılış anındaki sadakatini ve Hakk'a bağlılığını vurguluyor.

2. Dörtlük

Ruhlar aşk meyinden oldu mestâne
Kimi küfre daldı, kimi imâna
Saf be saf olarak durduk divan'da
Münkirler 'la' dedi, ben 'illa' dedim

- **Ruhlar aşk meyinden oldu mestâne:** Tanrı aşkı ruhlara "mey" gibi içirilmişti; kimileri sarhoş olup inkâra gitti, kimileri imana sarıldı.

- **Münkirler 'la' dedi:** Allah'ı inkâr edenler sadece La, yani yoktur kısmında kaldı.

- **Ben 'illa' dedim:** Dertli, "La ilahe illallah"ı tam söyledi, yani "Allah'tan başka ilah yoktur" diyerek tevhidi tamamladı.

Burada tasavvufî vurgu şudur: Hakikati göremeyenler yoklukta kalır, hakikati görenler ise birliğe ulaşır.

---

6   Kur'an, Araf, 172

3. Dörtlük

Vâkı ki 'kün' emri zuhûra geldi
Eşya ve mahlûkat hep zâhir oldu
Çün ervâh kendini bir yolda buldu
İmân ve ikrârı ben sana dedim

- **Vâkı ki 'kün' emri zuhûra geldi:** "Kün fe yekün", Tanrı'nın "Ol!" emriyle kainatın meydana gelişinin başlamasıdır. Burada dikkat edilmesi gereken nokta şudur. Ol emri ile herşey bir anda var olmuş değildir. Kâinatın aşama aşama var edildiği açıklanmıştır.[7]

- **Eşya ve mahlûkat hep zâhir oldu:** O emirle evren, varlıklar aşama aşama ortaya çıktı.

- **Çün ervâh kendini bir yolda buldu:** Ruhlar da kendilerini farklı bedenlerde buldu.

- **İmân ve ikrârı ben sana dedim:** Dertli Baba yine diyor ki: "Her şey yaratıldığında ben imanımı sana söyledim, ey Tanrı."

4. Dörtlük

Dertli, bu hikmetten irşâd olmadı
Sensiz manşer yeri küşâd olmadı
Çok nebiye vardım, imdâd olmadı
Şefâat kânısın, Mustafa dedim

- Dertli, bütün hakikatin özünün Hz. Peygamber'e bağlılıkta olduğunu söylüyor. "Nice peygambere yöneldim, ama gerçek kurtuluş rehberi sensin, ey Muhammed Mustafa".

---

7   Talâk Suresi, 65/12 Allah, yedi göğü ve yeryüzünden de onların benzerini (katman katman) yaratandır.

Yol, taşla değil, niyetle döşenir;
niyeti Hakk olanın her adımı nur olur.

Her Gönül Kim Nûr-i Hak'dan Zer Gibi Sâf Olmadı

Yemini

Yemini Hakkında:

Yemini 16. yüzyılda yaşamıştır. Yedi Ulu Ozanlardandır. Hacı Bektaş Veli'nin dervişlerinden olan Akyazılı Sultan'ın halifelerindendir. Yemini, Faziletname adlı eserinde kendisi hakkında kısa bilgiler verir. Buradaki bilgilere göre babası Eğribozlu Hafız adlı biridir ve asıl adı Mehmed'dir. Şiirlerinde Yemini mahlasını kullanmıştır. Bu dörtlükler nefes özelliği taşır.

1. Dörtlük

Her gönül kim nûr-i Hak'dan zer gibi sâf olmadı
Bu sirâtullah içinde ehl-i a'râf olmadı
Arif-i nefs olmak istersen özünden vâkif ol
Ârif-i nefs olanın da'vâsı güzâf olmadı

- **Her gönül kim nûr-i Hak'dan zer gibi sâf olmadı:** Her gönül, Hak'tan gelen nur gibi tertemiz olmadıkça, Sırât-ı müstakim (dosdoğru yol) yolunda a'râf ehli (kendini bilmiş sayılmaz) olamaz. Yani insan, kalbi saf olmadıkça Hakk yolunda, dosdoğru yolda yükselemez, arif olamaz.

- **Arif-i nefs olmak istersen özünden vâkif ol:** Kendini tanımak (nefsini bilmek) istersen özüne vakıf ol. Kendini tanıyan kişinin sözü boş ve temelsiz olmaz. Burada nefsin esaretinden kurtulmak gerektiğinin altı çiziliyor. Eğer nefsi bilen bir arif olmak istiyorsan, önce kendi özünü tanı, gerçek nefsi bilenin iddiası boş ve gösterişsizdir.

2. Dörtlük

Hayme-i mîâd-i Mûsâ'dan haberdar olmayan
Ol simurg-i Lâmekân'ın menzili kaf olmadı
Nuh felek burcunda her kim ehl-i ebrâr olmaya
Kâf ü nûn emri içinde nûn ile kâf olmadı

- Musa'nın kader çadırının sırlarını bilmeyen, o mekânsız Simurg'un menziline ulaşamaz. Simurg burada hakikate ulaşan yüksek ruhu simgeliyor. **Simurg** (diğer adıyla **Zümrüd-ü Anka**) İran, Orta Asya ve Anadolu mitolojilerinde anlatılan efsanevi bir kuştur. Tasavvufi metinlerde çok güçlü bir sembol olarak kullanılır.

- Nuh Peygamberin mertebesinde olmayan, onun bilincinde erdemli olmaya çalışmayan, Kâf ile Nûn emri içinde, harflerin öz anlamını kavrayamaz. (Nûn ve Kâf, Kur'ân'daki esrarengiz harflerdir; ilahi sırları temsil eder.)

3. Dörtlük

Men reânî Fazl-ı Hak'dan zâhir oldu âleme
Özünü bilen bilür Hak'kı sözüm lâf olmadı
Levh-i mahfuz-i İlâhidir cemâl-ı bülbeser
Özünden bihaberler ehl-i insâf olmadı
Ey Yemini çün Kelâmullah-ı nâtiktir sözün
Görmeyen ayn-el-yakın bu yolda sarrâf olmadı

- **Men reânî Fazl-ı Hak'dan zâhir oldu âleme:** Beni gören, Hakk'ın lütfundan ortaya çıkmıştır.

- **Özünü bilen bilür Hak'kı sözüm lâf olmadı:** Kendi özünü bilen, Hakk'ı da bilir; sözüm boş değildir.

- **Levh-i mahfuz-i İlâhidır cemâl-ı bülbeser:** Bülbüller gibi güzelliği ilahi levhada kayıtlıdır. Levi-i Mahfuz hakkında çeşitli görüşler olmakla birlikte, tasavvufta Hakk'ın ezeli ve ebedi ilmi olduğu yönünde görüşler mevcuttur. Kelime manası olarak, **korunan kitap** demektir.

- **Özünden bihaberler ehl-i insâf olmadı:** Kendi özüden habersiz olanlar, adalet ve insaf sahibi olamaz.

- **Ey Yemini çün Kelâmullah-ı nâtiktir sözün:** Ey Yemini, sözün Tanrı'nın konuşan kelamı gibi, bunu doğrudan görmeyen, bu yolda hakikati işleyip anlamaz.
  Özetle, bu deyiş insanın kendi nefsiyle yüzleşmesi, kalbini temizlemesi ve hakikati tanıması gerektiğini anlatıyor. Tasavvufî mecazlarla, Allah yolundaki yüksek ruhî mertebeler, Simurg, levh-i mahfuz (korunan kitap) ve sıratullah (Hakkın yolu) gibi kavramlarla ifade edilmiş.

Gönül bir kandil, aşk onun yağıdır;
yanmazsa nur doğmaz,
yanarsa Hakk açığa çıkar.

Bu Aşk Bir Bahri Ummandır

Seyyid Nizamoğlu

Seyyid Nizamoğlu Hakkında?

Seyyid Nizamoğlu, Anadolu'da 15.–16. yüzyıllarda yaşamış bir **eren / ozan** olarak tanıtılır. Onu daha çok tasavvufî nefesleri ve özlü sözleriyle biliyoruz. Bu deyişlerde "aşk", "hakikat", "insan-ı kâmil" ve "vahdet" vurguları öne çıkar. Bazı menakıbnamelerde onun Hacı Bektaş Veli yoluna bağlı bir derviş olduğu, Bektaşi nefesleriyle aynı üslupta sözler söylediği aktarılır. Halen deyişlerde ve sözlü gelenekte yaşamaktadır. "Bu aşk bir bahr-i ummandır, buna hadd ü kenar olmaz" diye başlayan eser en çok bilinenlerdendir. Bu dörtlükler nefes özelliği taşır.

Açıklaması:

1. Dörtlük

Bu aşk bir bahr-i ummandır
Buna hadd ü kenâr olmaz
Delilim sırr-ı Kur'an'dır
Bunu bilene de ar olmaz

- **Bu aşk bir bahr-i ummandır, buna hadd ü kenâr olmaz:** İlâhî aşk sonsuz ve sınırsız bir deniz gibidir, başlangıcı ve sonu yoktur.

- **Delilim sırr-ı Kur'andır:** Bu aşkın kaynağı Kur'ân'daki hakikatin sırrıdır. Kur'ân, zahirde şeriat kitabıdır; bâtında ise aşkın ve tevhidin hakikatini gösteren bir aşk kitabıdır.

- **Bunu bilene de ar olmaz:** Gerçek arif, aşkını kitabın sırrına dayandırır, delilsiz bir iddia olmaz. "Ar olmaz" demesi, bu hakikati bilenin aşkı saklamasında utanılacak bir şey olmadığını ifade eder.

2. Dörtlük

Süregeldik ezeliden
Pirim Muhammed Ali'den
Şerab-ı la-yezaliden
İçenler de humar olmaz

- **Süre geldik ezeliden:** Arif, aşk yoluna sonradan girmiş değildir, ezelden beri bu aşkın yolcusudur.

- **Pirim Muhammed Ali'den:** Pir olarak Hz. Muhammed ve Hz. Ali'yi görür.

- **Şerab-ı la-yezal:** Hakk'ın ebedî aşk şarabıdır.

- **İçenler de humar olmaz:** Bu şarabı içenler, zahiri şarap içmiş gibi sarhoş olup aklını kaybetmez; bilakis aşk ile dirilir, akılları saflaşır. Humar, aklı örten manasındadır.

3. Dörtlük

Eğer âşık isen yâre
Sakın aldanma ağyâre
Düş İbrahim gibi nâre
Bu gülşen de yanar olmaz

- **Eğer âşık isen yâre:** Gerçek âşık yalnızca "Yâr" olan Tanrı'ya bağlanır.
Sakın aldanma ağyâre: Başka sevgililere (ağyâr = yabancı, mecazî sevgililer) yönelmek, hakikî aşkı bozar.

- **Düş İbrahim gibi nâre:** Hz. İbrahim'in Nemrud ateşine atıldığında ateşin gül bahçesine dönüşmesi örnek verilmiştir.

- **Bu gülşende yanar olmaz:** Allah aşkıyla yanan için ateş bile gülistan olur.

4. Dörtlük

Kıyamazsan başa ü cana
Uzak dur girme meydana
Bu meydanda nice başlar
Kesilir hiç soran olmaz

- **Kıyamazsan başa ü cana, Uzak dur girme meydana:** Aşk meydanı, baş ve can vermek isteyenlerin meydanıdır. Eğer nefsiyle, canıyla vedalaşamayan varsa bu yola girmemelidir.

- **Bu meydanda nice başlar kesilir hiç soran olmaz:** "Başlar kesilir" mecazi ifadedir; nefsi öldürmek, benliği yok etmek anlamındadır. Hakikat yolunda hiç kimseye ayrıcalık tanınmaz.

5. Dörtlük

Hakk ile hak olanlara
Kendi özün bilenlere
Dost yolunda ölenlere
Kan bahası dinar olmaz

- "Hakk ile hak" olan arifler, nefsini bilenlerdir. Onlar dost yolunda ölürse, bu ölümü için fidye gerekmez; çünkü aşk yolunda ölümler zaten "hayat"a açılan kapıdır.

6. Dörtlük

Bak şu Mansur'un işine
Halkı üşürmüş başına
Ene'l-Hakk'ın firaşına
Düşenlere timar olmaz

- **Bak şu Mansur'un işine: Ozan bu mısrada Hallac-ı Mansur'u anıyor.** Hallâc-ı Mansûr, "Ene'l-Hakk" (Ben Hakk'ım) dediği için idam edilmiştir. Bu söz, benliğini yok edip tamamen Hakk ile özdeşleşmesini ifade eder.

- **Halkı üşürmüş başına:** Halk ise onu yanlış anlayıp taşlamıştır.

- **Düşenlere timar olmaz:** Bu sözün derdine düşenlere artık kimse çare bulamaz; çünkü bu makam aklın ötesinde, aşkın zirvesidir.

7. Dörtlük

Seyfullah sözünde mesttir
Şeyhinden aldığı desttir
Divane-ra kalem nist'dir
Ne söylese kanar olmaz

- Seyyid Nizamoğlu bu dörtlükte kendi ruh halini anlatıyor: Sözleri şeyhinden (Pirinden) aldığı feyzle söylediğini açıklıyor. Seyyid Seyfullah, akıl ölçülerine sığmaz; onun sözleri delilik gibi görünse de aslında hakikatin şarabından alınmıştır.

Aşksız yola giren, yolunu bulamaz;
sevgisiz dilin nefesi duyulmaz.

İşidin Ey Ulular

Yunus EMRE

Yunus Emre Hakkında:

Yunus Emre, 13. yüzyılın sonları ile 14. yüzyılın başlarında Anadolu'da yaşamış büyük bir halk ozanı ve mutasavvıftır. Yaşamıyla ilgili kesin bilgiler bulunmamakla birlikte menkıbeler, yazdığı şiirleri ve dönemin tarihi kaynakları aracılığıyla yaşamı hakkında genel bir tablo oluşturulmuştur. Anadolu'da Moğol istilasının yarattığı kaos ortamında yaşayan Yunus Emre, halkın ruhuna seslenen sade, içten ve derin anlamlar taşıyan şiirleriyle büyük yankı uyandırmıştır. Hacı Bektaş Veli'ye bağlı olan Taptuk Emre adıyla bilinen bir yol önderinin dergâhında eğitim almıştır. Yunus Emre'nin bu dörtlükleri hem deyiş, hem nefes özelliği taşımaktadır.

Açıklaması:

1. Dörtlük

İşidün ey ulular,
Ahır zaman olusar.
Sağ müslüman seyrekdür,
Ol da güman olusar.

- Ey büyükler, dinleyin! Gelecek zamanda, gerçek Müslüman çok az kalır; Kalanların da samimiyetinden şüphe edilir.

Yunus Emre bu dörtlükte hitabını büyüklere yapıyor. Bunu büyüklere yapmasındaki maksat, yeni nesli bu uyarılar çerçevesinde eğitsinler diye olabilir.

2. Dörtlük

Danışman okur tutmaz,
Derviş yolun gözetmez,
Bu halk öğüt işitmez,
Ne sarp zaman olısar.

- Alimler (danışmanlar) ilmiyle amel etmez. (Yani bilgi sahipleri bildiği gerçekleri halka anlatmaz, bu bilgileri halk için kullanmaz) Onlara tabi olan dervişlerin de yoldan çıkacağına işaret eder. Halk öğüt dinlemez: Zamanın, zor ve çetin olacağını iddia eder.

3. Dörtlük

Gitti beyler mürveti,
Binmişler birer atı
Yediğü yoksul eti,
İçtiğü kan olısar.

- Beylerin (yöneticilerin) merhameti kalmaz. Her biri güç gösterisinde bulunur, yoksulun etini yer, kanını içerler diyerek bu olayları çok acayip olarak nitelemektedir.

3. Dörtlük

Ne acayip sergüzeştler,
Bağrım dolu serzenişler,
Durmaz akar kanlı yaşlar,
Aksa gerek şimden gerü.

- Kalbim şikâyetle dolu derken bir makama şikâyet etmek değil, serzenişte bulunmaktadır. Durmaksızın gözyaşım kan gibi akar, bundan sonra da akmaya devam eder.

Yunus Emre, nefeste sadece toplumsal yozlaşmayı değil, aynı zamanda kalbin yozlaşmasını da anlatıyor. Tasavvuf ehline göre gelecek zaman sadece bir tarihsel dönem değil, insanın iç âleminde de yaşanan bir "bozulma hali"-dir. Yunus'un gözyaşı sadece kişisel dert değil, toplumun ve insanlığın haline acımaktır. Bu, tasavvufta "insanlık için endişelenmek" diye geçer. Gerçek derviş, başkasının acısını kendi kalbinde hisseder.

Deyiş ve nefesler, gönül denizinden doğar;
deryası kuru olanın sözü dalgasız kalır.

Nurhak Semahı

Şahi Muhyiddin Abdal

Şahi Muhyiddin Abdal Hakkında:

Muhyiddin Abdal, Alevi–Bektaşi toplumunda ve inanç geleneğinde özellikle Maraş yöresinde tanınan ve büyük saygıyla anılan bir halk ozanı ve yol önderi olarak kabul edilir. Maraş'ta 15.-16. yüzyılda yaşadığına dair bilgiler vardır. Hakkında yazılı kaynaklar sınırlı olsa da, sözlü gelenek ve nefesleri sayesinde etkisi yüzyıllar boyunca yaşamıştır. **Şahi** mahlasını kullanmıştır. **Şahi,** Şah'a bağlı anlamına gelmektedir.

Bu nefes, bir Alevinin yola ikrar vermek üzere girdiği İkrar Cemi'ni ve ikrar verenin manevi duygularını anlatmaktadır.

Açıklaması:

Bismişah Allah Allah
Hü Allah hü eyvallah

- **Bismişah,** Şah'ın adıyla, Hz. Ali'ye saygı ve bağlılık ifadesidir.)

- **Allah Allah nidası:** Gönlü saflaştırma, Hakk'a yönelme çağrısıdır.

- **Hü nidası: Vahdet-i Vücud** (Varlığın Birliği) öğretisinde Hakk'ın varlığını, birliğini ve mutlak Zât'ını ifade eder.

- **Eyvallah:** Hakk'a ve Hakikat yoluna teslimiyettir.

1. Dörtlük

Secde haktır Adem'e
Seyrangâhız âleme
El ele el Hakka dedik
Geldik bu deme

- **Secde haktır Âdem'e:** Kur'an'daki "Meleklerin Adem'e secdesi" kıssasına gönderme yapar. Burada Adem, bedensel değil, mana açısından insanın Hakk nazarında yüceliğini temsil eder.

- **Seyrangâhız âleme:** "Biz geldiğimiz bu âlemi seyretmekteyiz, seyir için geldik" demektir. Burada insan bu dünyada Hakk'ın tecellilerini seyreden bir misafirdir anlayışı öne çıkarılıyor.

- **El ele el Hakka geldik bu deme:** Cem erkânındaki ikrarın önemli bir sembolüdür. İnsan "Ben bu yolda yalnız değilim demektedir; talipler pirlere; pirler de mürşitler ocağına bağlıdır. Bu sistem deyiş ve nefeslerde geçen "el ele, el Hakk'a" anlayışıdır. Dem, hem "zaman" hem de "cem meclisinde manevi açıdan olgunlaşma" anlamına gelir. Bu, manevi bir kapıya giriştir.

2. Dörtlük

Kurbanlar tığlanıp gülbenk çekildi
Gaflet uykusundan uyana geldim
Dört kapı sancağı anda dikildi
Üryan büryan olup meydana geldim

- **Kurbanlar tığlanıp gülbenk çekildi:** Bu, bir hayvan kurbanı değil; nefisin, kötü huyların, alışkanlıkların kurban edilmesi anlamındadır. Gülbenk, bir çeşit dilek ve dua demektir.

- **Gaflet uykusundan uyana geldim:** Kişi gaflet uykusundan uyanıp manevi uyanışa geçmek için bu meydana geldiğini ifade etmektedir.

- **Dört kapı sancağı: Dört Kapı Kırk Makam** öğretisinde geçen (Şeriat – Tarikat – Marifet – Hakikat) kapılardır. Bu kapılar dikilince, meydanın hakikat meydanına dönüştüğüne vurgu yapılmaktadır. Burada dikilmek, karşısına çıkmak manasındadır.

- **Üryan büryan olup meydana geldim:** Tüm dünyevi kimlik, mal, şöhret ve makamdan ayrılmak. Başka bir deyişle manevi çıplaklık anlamındadır. Hakk huzuruna ancak her türlü kötü huylardan arınarak, saf bir hal ile çıkılması gerektiği anlatılmıştır.

3. Dörtlük

Evel eşiğine koydum başımı
İçeri aldılar döktüm yaşımı
Erenler yolunda gör savaşımı
Can baş feda edip kurbana geldim

- **Evel eşiğine koydum başımı:** Eşik, Erenlerin eşiği, Hakk kapısının başı. Baş koymak, **teslimiyet** ve "benlikten vazgeçme"yi ifade eder. **Tasavvufi anlamıyla;** Velayet kapısına baş koymak, bu yolda ölmeden önce ölmeyi kabul etmektir.

- **İçeri aldılar döktüm yaşımı:** İçeri aldılar: Manevi meclise, yani ikrar meydanına kabul anlamındadır. Döktüm yaşımı, tevazu ve arınma şuuruyla akıtılan gözyaşıdır.

- **Erenler yolunda gör savaşımı:** Bu yol kolay yürünmez; nefisle mücadele, sabır ve teslimiyet ister denmektedir.

- **Can baş feda edip kurbana geldim:** "Can baş feda etmek": Hak yoluna canını, varlığını koymaktır. Kurbana geldim, manevi olarak Hakk'a kurban olmak, yani birey hiçlik makamına geçerek varlığını Hakk'a vermesi anlamına gelmektedir.

4. Dörtlük

Ol demde uyandı batın çerağı
Rehberim boynuma bend etti bağı
Üç adım ileri attım ayağı
Koç kurban dediler inana geldim

- **Ol demde uyandı batın çerağı:** Batın çerağı, insanın içindeki ilahi ışığın uyanışıdır. Bu, Hakk'ın insanın gönlünde tecelli etmesini ifade eder.

- **Rehberim boynuma bend etti bağı:** Rehber (mürşit), talibin boynuna bağ bağlar. Bu sembolik olarak yola bağlanmaktır.

- **Üç adım ileri attım ayağı:** Bu, erkânın bir parçasıdır. Üç adım; şeriat–tarikat–marifet kapılarından geçişe işarettir.

- **Koç kurban dediler inana geldim:** Nefsi kurban etmek, teslim olmak demektir.

5. Dörtlük

Dört kapı selamın verip aldılar verip aldılar
Pirin huzuruna çekip geldiler
El ele el Hakka olsun dediler
Henüz masum olup cihana geldim

- **Dört kapı selamın verip aldılar:** Alevi-Bektaşi yolunda Dört Kapı Kırk Makam sistemi esas ölçü olarak kabul edilir. Selamlaşma, bu dört kapıdan geçmenin ikrarıdır.

- **Pirin huzuruna çekip geldiler:** Talip, mürşidin huzuruna çıkar. Bu ruhsal bir mahkeme gibidir.

- **El ele el Hakka olsun dediler:** Topluluktan ve Pir'den el, onay, ya da rızalık alarak Hakk'a bağlanmayı onaylar.

- **Henüz masum olup cihana geldim:** İkrar verildikten sonra talip, yeniden doğmuş gibi masumdur.

6. Dörtlük

Pirim kulağıma eyledi telkin eyledi telkin
Şah-ı Velayete dost dost olmuşuz yakın
Mezhebim Caferi Sadık Ül Metin
Allah dost eyvallah peymana geldim

- **Pirim kulağıma eyledi telkin eyledi telkin:** Mürşit, talibin kulağına velayet sırrını fısıldar. Bu bir sırdır, herkese söylenmez; söylenen söz talibin kalbinde saklı kalır.

- **Şah-ı Velayete dost dost olmuşuz yakın:** Şah-ı Velayet, Hz. Ali'nin velayetidir. Talip, bu aşamada velayete yakın olduğunu beyan eder.

- **Mezhebim Caferi Sadık:** Yolun Cafer-i Sadık öğretisine dayandığı belirtilir. Burada bir mezhep olduğu anlaşılmamalıdır, Yol manasındadır.

- **Allah dost eyvallah peymana geldim:** "Peyman"; Ahit, söz, ikrar manasındadır. "Allah dost eyvallah peymana geldim", "Hakk'a söz verdim." demektir.

7. Dörtlük

Yüzüm yerde özüm darda durmuşam
Muhammed Ali'ye dost dost ikrar vermişem
Sakahüm hamrini anda görmüşem
İçip kana kana mestane geldim

- **Yüzüm yerde özüm darda durmuşam:** Yüz yerde demek tevazu, özüm darda demek ise benliğin yok edilerek dara durmaktır.

- **Muhammed Ali'ye dost dost ikrar vermişem:** Hz. Muhammed ve Hz. Ali'ye manevi bağlılık yemini.

- **Sakahüm hamrini anda görmüşem:** "Onlara içirilen aşk şarabı" anlamında, ilahi aşkın içirilmesi manasındadır. Burada aşk şarabı mecazidir, yani İlahi sevgiyle dolmak, Hakk'ta sarhoş olmaktır.

- **İçip kana kana mestane geldim:** İlahi aşk sarhoşluğu.

8. Dörtlük

Yolumuz on iki İmama çıkar
Mürşidim Muhammed Ahmed-i Muhtar
Rehberim Ali'dir sahip-Zülfikar
Kulundur Şahi'ya divana geldim

- **Yolumuz On iki İmama çıkar:** Alevi-Bektaşi yolunun dayandığı On İki İmam manevi silsilesidir. Yol, bu velayet zincirinden geçer.

- **Mürşidim Muhammed Ahmed-i Muhtar:** Hz. Muhammed asıl Mürşit ve Resul'dür. Ahmed-i Muhtar, övülmeye çok değen kişi anlamındadır.

- **Rehberim Ali'dir sahip Zülfikar:** Yolun rehberinin Hz. Ali olduğu vurgulanmıştır. Zülfikar ise tüm tasavvufi metinlerde de açıklandığı üzeri bir metal kılıç değil, ilim, adalet ve hakikat kılıcıdır.

- **Kulundur Şahi'ya divana geldim:** Şahi, ozanın mahlasıdır. Şah'a bağlı demektir. Bu divanda dara durarak hesap vermeye geldiğini belirtmektedir.

Nefes, Hakk'tan gelir, Hakk'a döner;
arada olan, sadece kulun aşkıdır.

Aşkı bilmeyen dil, nefes söyleyemez;
gönlü yanmayanın sözü cana değmez.

Yüksel Meriç, 1965 yılında Tunceli'de doğdu. İlk öğrenimini Elazığ'da, orta ve lise öğrenimini Gaziantep ve İstanbul'da tamamladı.

1999 Gölcük Depremi sonrasında deprem bölgesinde yürütülen çeşitli sosyal projelerde aktif olarak görev aldı. Bu süreç, yazarın toplumsal sorumluluk ve dayanışma bilincinin şekillenmesinde önemli bir rol oynadı.

Daha sonra Tunceli'nin Ovacık ilçesinde yürütülen toplum merkezi projesinde yer aldı; gençlere yönelik bilgisayar ve tiyatro eğitimleri verdi. Bu çalışmalar, yazarın eğitimi yalnızca teknik bir aktarım değil, aynı zamanda bireyin kendini ifade etme ve toplumsal bilinç kazanma süreci olarak görmesine katkı sağladı.

Zamanla Alevi yol, inanç ve erkânları ile tasavvuf düşüncesi üzerine yoğun okumalar ve araştırmalar yapmaya başladı. Çalışmalarında özellikle Anadolu Aleviliğinin temel inanç öğretisini, kavramsal berraklık ve tarihsel süreklilik içerisinde ele almaya önem verdi.

Yüksel Meriç, Alevi okurunun kendi inanç öğretisiyle yeniden ve sahici bir bağ kurabilmesi amacıyla, öğretisel içerikler üzerine çeşitli internet sitelerinde köşe yazıları kaleme almaktadır.

Elinizdeki bu eser, yazarın Alevi deyiş ve nefeslerinde temel inanç kavramlarını anlaşılır bir dil ve bütünlüklü bir bakış açısıyla ele alma çabasının bir ürünüdür.